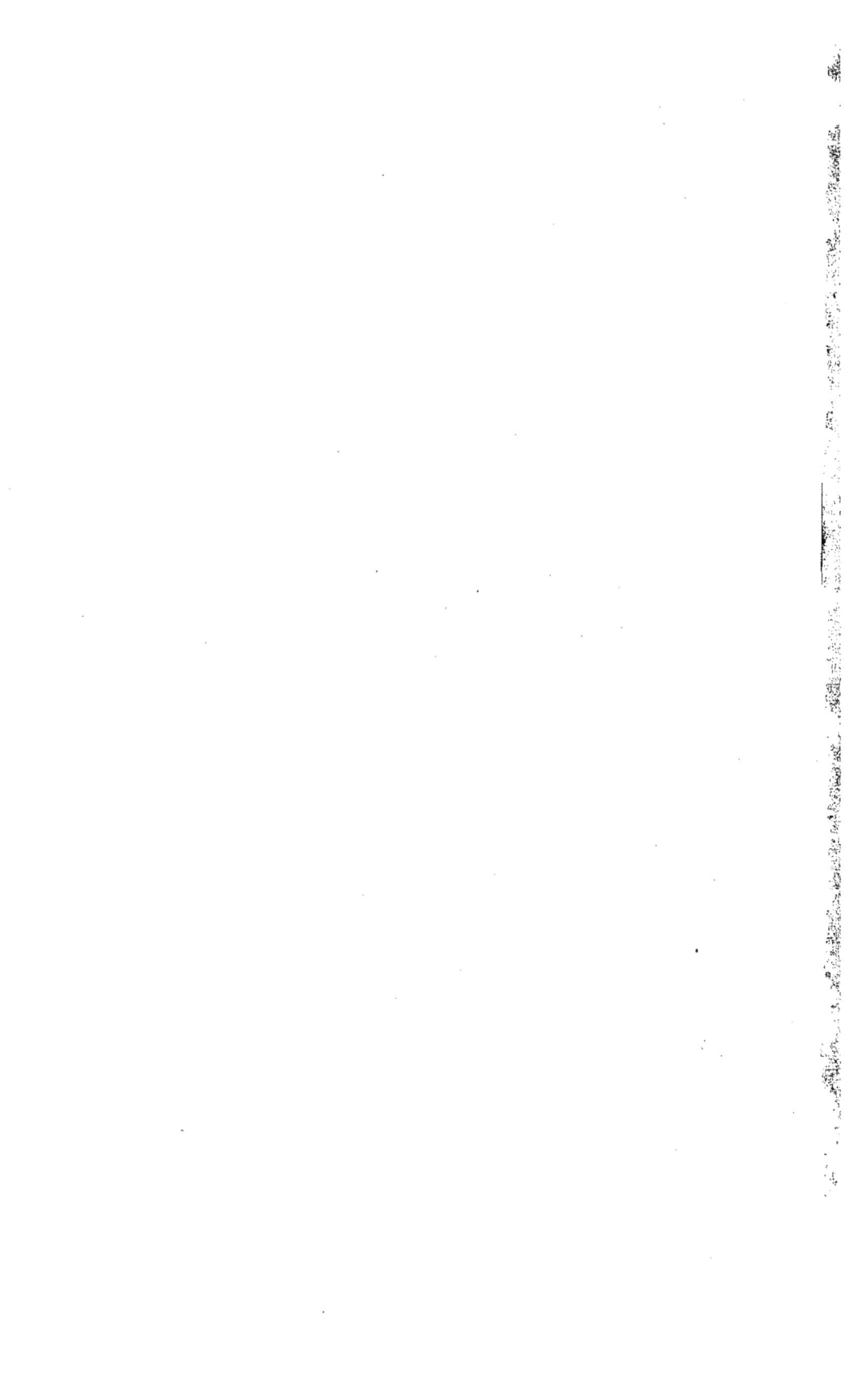

LES AÏEUX DE

MOLIÈRE

A BEAUVAIS ET A PARIS

D'après les documents authentiques

PAR

E. RÉVÉREND DU MESNIL

ANCIEN JUGE DE PAIX

Membre de la Société des Gens de lettres
et de plusieurs Sociétés savantes

SCIENTIA DUCE

PARIS
ISIDORE LISEUX, ÉDITEUR
RUE BONAPARTE, N° 2
1879

LES AÏEUX

DE

MOLIÈRE

Tiré à trois cents exemplaires.

LES AÏEUX DE

MOLIÈRE

A BEAUVAIS ET A PARIS

d'après les documents authentiques

PAR

E. RÉVÉREND DU MESNIL

ANCIEN JUGE DE PAIX

Membre de la Société des Gens de lettres
et de plusieurs Sociétés savantes

PARIS

ISIDORE LISEUX, ÉDITEUR

RUE BONAPARTE, Nº 2

1879

PARIS — IMPRIMERIE MOTTEROZ

Rue du Four, 54 bis.

ARMOIRIES DES POCQUELIN

DE BEAUVAIS

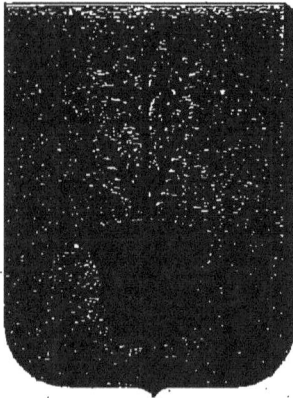

ARMES ANCIENNES

D'azur au *pot de lin*, fleuri d'argent.

ARMES MODERNES

D'azur, au chevron d'argent accompagné en pointe d'une montagne aussi d'argent, ombrée de sable.

A M. Le Caron de Troussures

Membre de la Société académique de l'Oise

Monsieur,

C'est à une obligeante et généreuse communication de votre part que je dois de pouvoir faire connaître les Pocquelin de Beauvais : vous avez bien voulu, pour moi, extraire leur filiation des manuscrits historiques, que vous possédez sur les familles du Beauvaisis :

Permettez-moi de vous offrir publiquement l'expression de ma reconnaissance.

Mon travail, que je vous dédie, sera un premier jalon posé au-devant du hardi pionnier, sur les pas duquel le temps peut-être sèmera, dans un de ses hasards heureux, les documents nécessaires pour achever l'œuvre encore imparfaite de l'histoire de la Famille de Molière.

Agréez les sentiments de haute considération avec lesquels je suis votre respectueux serviteur,

E. RÉVÉREND DU MESNIL

Saint-Rambert-sur-Loire, 1er septem re 1879.

AVERTISSEMENT

Grata superveniet quæ non
sperabitur, hora !

*Le succès obtenu en avril dernier par notre
histoire de* La Famille de Molière *et de ses repré-*
sentants actuels, *épuisée en quinze jours, nous
avait fait songer, ces temps derniers, à préparer
une nouvelle édition plus complète : nous pensions
y ajouter les précieux documents qui vont suivre ;
nous avions à faire quelques corrections ou addi-
tions à notre premier essai ; nous voulions profiter d'ouvrages que nous ne connaissions pas
alors.*

*Nous croyons aujourd'hui mieux servir la
cause de notre grand poète comique, en donnant à
part les notes que nous avons recueillies sur les
Pocquelin de Beauvais. Sans doute, la filiation
est vague et sans suite pour les premiers degrés,
mais notre publication provoquera par là même*

2

de nouvelles et plus amples recherches, et plus tard permettra un travail complet et définitif.

Le nombre est grand de ces Moliéristes érudits qui ne reculent devant aucun labeur pour s'enquérir de quelque document nouveau sur le célèbre acteur qui fonda le Théâtre-Français.

De notre appel, il résultera une noble émulation qui sera féconde, nous en avons l'espoir, pour les Pocquelin, eux pourtant qui affectèrent de désavouer, comme leur étant étranger, celui auquel ils doivent d'avoir échappé à l'oubli : et cependant ce parent répudié par les siens a rendu immortel le pseudonyme dont il se couvrit !

Tout autre fut l'un de ses contemporains, le comédien Marcel, qui lui adressa ce madrigal, que la postérité a confirmé :

Quand Molière, employant de l'art les plus beaux traits,
Nous peignit des humains les différents portraits,
Nous dûmes nos plaisirs à son rare génie ;
. Mais il ne doit qu'à lui cet honneur sans égal
    D'avoir été l'original
Dont la France jamais ne verra de copie.

LA LÉGENDE DES POCQUELIN

Aux premiers siècles de notre histoire, la noblesse fut plutôt une institution politique qu'une catégorie sociale.

On a coutume (1) d'attribuer sa première formation à la conquête des Francs, qui firent souches des familles *féodales* et *chevaleresques*.

D'autre part, l'acquisition de fiefs nobles fut, durant le Moyen Age, la source d'une seconde noblesse qu'on appelle *quasi-féodale :* pour le généalogiste, le règlement des honneurs de la Cour (2), en trace la limite extrême à l'an 1400, quoiqu'en histoire la prise de Constantinople, en 1453, soit réellement la fin de la période dite du Moyen Age.

---

(1) Cette question a occupé un grand nombre d'écrivains français parmi lesquels nous citerons Boulainvillers, Dubos, Mably et Montesquieu.

(2) Ce règlement fut approuvé par le Roi le 17 avril 1760 ; il était le même pour les hommes et pour les femmes.

Ces nouveaux nobles s'intitulèrent gentilshommes de naissance, de race ou de sang (1): leur nombre en est aujourd'hui fort restreint ; car ces familles chevaleresques ou quasi-féodales disparurent assez vite sur nos champs de bataille, décimées qu'elles furent par ces guerres lointaines qu'amenèrent, pendant près de deux siècles, les aventureuses expéditions des Croisades. Sans doute, on doit y admirer cet élan sublime de la foi de nos pères revendiquant la possession des Lieux Saints ; mais le résultat le plus certain de ces vaines entreprises fut l'affaiblissement de ce pouvoir féodal qui avait cependant, par son unité, sauvé nos contrées des ravages continuels des invasions des Barbares ; elles préparèrent l'avènement des Communes, puis l'organisation d'un Tiers État, et, à la longue, par de brutales révolutions, la civilisation actuelle de l'Europe.

Mais, pour revenir au sujet qui nous occupe, ajoutons que, pour combler les vides que firent, dans le corps de la noblesse, les luttes civiles ou religieuses, et aussi dans l'intérêt du Trésor public, les Rois eurent recours à de nombreux anoblissements de citoyens recommandables par leur courage ou leurs vertus. La nomination à certaines charges ou fonc-

---

(1) Consulter à cet égard le *Bulletin de la Société héraldique,* excellente publication qui n'en est encore qu'à son huitième numéro, mais promet une longue existence si elle reste ferme dans la voie qu'elle s'est tracée.

tions publiques en créa un plus grand nombre encore :
le notariat, principalement, enrichissant les titulai-
res, à une époque d'ignorance, où il exigeait un
savoir réel et une instruction distinguée, fut la
source de l'élévation de la plupart de nos familles
actuelles.

Ces nouveaux nobles, ceux de l'échevinage dans
certaines villes (1) privilégiées, furent, il faut le dire,
assez loin d'avoir le prestige de leurs devanciers :
on conçoit dès lors, tant il est vrai que la vanité est
innée dans le cœur de l'homme, que tant de gens
cherchèrent, au xviiᵉ siècle, lors de la recherche des
faux nobles, à remonter leur filiation aux époques
les plus nuageuses : on mit un singulier orgueil à
prétendre ne point avoir d'anoblissement connu.

C'est le cas des Pocquelin, qui perpétuaient chez
eux cette tradition d'une antique noblesse : nous
l'avions recueillie dans notre propre famille où
elle avait été souvent répétée, et nous n'avions
point hésité à l'affirmer dans notre histoire de
la *famille de Molière* publiée récemment.

Pouvions-nous ne pas lui accorder toute confiance,
alors que nous la voyions reproduite par un commen-
tateur sérieux, Antoine Bret, dans son *Supplément à*

(1) Ces villes furent Paris, La Rochelle, Poitiers, Angoulême,
Saint-Jean-d'Angély, Saint-Maixent, Tours, Niort, Toulouse, Bour-
ges, Angers, Lyon, Péronne, Nantes, Cognac, Abbeville et Bordeaux.

la vie de Molière par Voltaire, imprimée en tête (1) de l'édition in-8° des *Œuvres de Molière,* donnée en 1778 ?

Voici comment s'exprimait Bret :

« En faisant des recherches plus exactes que » l'on en a fait jusqu'à présent sur la famille de » Molière, on a appris qu'il s'y conservoit une tra- » dition qui donneroit au nom de Poquelin plus » d'importance civile qu'il n'en a eû ; mais la plus » grande gloire de ce nom sera toujours d'avoir été » celui du père de notre théatre Comique.

» Un nommé Poquelin, Écossois, fut un de ceux » qui composèrent la garde que Charles VII attacha » à sa personne sous le commandement du général » Patilloc. Les descendants de ce Poquelin s'établi- » rent les uns à Tournai, les autres à Cambrai, où » ils ont joui long-tems des droits de la noblesse. » Les malheurs des temps leur firent une nécessité » du commerce, dans lequel quelques-uns d'entre » eux vinrent faire oublier leurs privilèges à » Paris.

» Tels sont les faits que l'on a appris de quelques » personnes, qui portent encore parmi nous le nom » de Poquelin ; mais qu'importe aux parens collaté- » raux de Moliere la notoriété mieux constatée d'une » noblesse que leurs ancêtres avoient perdue ? Ils ont

(1) T. I, p. 46 et 47.

» acquis un plus beau titre, et que les tems ne
» peuvent effacer, celui d'appartenir à un des plus
» grands hommes qu'ayent produit les lettres.

» L'Éditeur a sous les yeux un arbre généalogique
» de la famille des Poquelins établis à Paris; qui le
» croirait! Jean-Baptiste Poquelin, dit Moliere, ne
» s'y trouve point : sa profession de comédien l'en
» a exclus. Il n'y avoit pourtant que l'orgueil bien
» pardonnable de vouloir tenir à lui, qui pût justifier
» la peine qu'on a prise de faire une généalogie.
» Qu'est-ce que le nom de Poquelin séparé de celui
» de Moliere?... »

Mais le respect que nous avons toujours eu pour
la vérité historique nous oblige à rejeter à jamais,
comme fabuleuse, et n'en déplaise à nos voisins
d'outre-Manche qui auraient pu les réclamer, l'origine
écossaise et noble (1) des Pocquelin : le document
inédit, qui nous a été communiqué par M. L. de
Troussures, nous force à refaire les premiers degrés
de la filiation que nous avons déjà publiée.

La vieille cité des Bellovaques, déjà illustrée par
Jeanne Hachette, peut s'enorgueillir d'avoir été
le berceau des Pocquelin, quoique les premiers

---

(1) « J'ai peur, » avait déjà dit M. Jal, dans son précieux *Diction-naire critique de Biographie et d'Histoire*, p. 988, « que le Poquelin écossais, imaginé par un généalogiste honnêtement payé, ne soit de la famille du Kolberg écossais, qu'on imagina pour agrandir les Colbert, marchands de draps et d'étamine à Reims. »

qu'on y rencontre soient de très modestes roturiers, payant taille. Nous n'avons qu'un regret, c'est de ne pouvoir les rattacher d'une manière certaine les uns aux autres avant le xvie siècle ; nous nous bornerons, quant à présent, à citer les noms et les dates, appelant sur eux l'attention des chercheurs et des paléographes.

LES POCQUELIN DE BEAUVAIS

1382. Jehan Pocquelin, *boulanger*, porté à 20 sols pour sa taille. (Extrait des comptes de la ville.)

*

1391. Maistre Louis Pocquelin, *barbier*, demeurant à présent à Paris, pour sa taille de 19 livres. (Extrait des comptes de la ville.)

*

1396. Henry Pocquelin, *communier*, établi à Paris : il fut condamné par arrêt du parlement du 8 avril 1396 à payer la taille à laquelle il avait été imposé à Beauvais comme forain (Mathon, *la famille de Molière était originaire* de Beauvais, 1877, p. 6).

*

1453. Jehan Pocquelin, *boulanger* à Beauvais. (Mss. de Troussures.)

*

1460. Martin Pocquelin, *marchand et bourgeois*, né vers 1460, ainsi que nous l'apprend son inscrip-

3

tion tumulaire (1), dont nous devons un décalque exact à un érudit Beauvaisin, M. Mathon, correspondant du ministère de l'instruction publique ; cette inscription est conçue comme suit :

Par attropos qui tous humains assomme
Sommerqment sans flatter femme ou homme
Cy deuant gilt ung honeste marchant
Et bon bourgeois lors quil estoit marchant
De tous ayme, prise et estime
Poquelin nome et Martin cognome
Qui trepassa doctobre le tresiesme
Lan de grace cinq cens vingt et ungiesme
Et fut cy mis affin que on sen recorde
Prions doncq Dieu par sa misericorde
Puisque ainsy a les mondains traicls passès
Quy luy pardonne et a tous trespassez

f y le moine

aprilis 1528

Au bas de la pierre, du côté droit est un écusson dont les traits extérieurs subsistent seuls : le dedans est absolument fruste.

✳

1472. Pierre Pocquelin, cité dans un compte de la cathédrale de cette ville, la dite année : « Reçu des

(1) Mathon, *Catalogue du Musée de Beauvais*, Beauvais, 1865 : note de la page 50.

» exécuteurs de Pierre Pocquelin, de la paroisse de
» la Basse-Œuvre (1), 2 sols. » (Mathon, *Ibidem.*)

*

1480. Jehan Pocquelin, *tisserand*. (Reg. des délibérations de l'Hôtel de ville, 19 janvier 1480.)

*

1496. Jehan Pocquelin, *échevin* de la ville. (Mss.
de Troussures.)

*

1515. Jehan Pocquelin, *maistre des tisserands* (2).
(Reg. des délibérations, 25 janvier 1515.)

*

1527. Simonne Pocquelin, née en 1527.

Le musée de Beauvais (3) possède d'elle un bon
portrait en costume du temps : hauteur 0^m62, largeur
0^m50. A l'angle gauche et en haut est un écusson peint
entre deux branches de lauriers qui l'entourent ; il
représente un *parti, au premier d'azur, à la bande
d'or accompagnée à senestre d'un faisceau de dards*

---

(1) Le moyen âge a légué à Beauvais un de ses plus somp-
tueux édifices, la cathédrale, malheureusement inachevée. Elle
occupe une partie de l'emplacement d'un temple païen, connu
aujourd'hui sous le nom de *Basse Œuvre*, élevé vers le iiiᵉ siècle
et converti en église chrétienne.

(2) La confrérie des tisserands comprenait les *tapissiers sar-
razinois* : leurs statuts remontent à 1301 : ce n'est que sous le
règne de Henri III, le 22 janvier 1586, que les tisserands formè-
rent une corporation distincte. — Voy. le *Code des Marchands*,
Paris, 1766, p. 466 et 479.

(3) Catalogue nᵒ 49, p. 67.

d'or en chef, au monogramme AB d'or en pointe à
dextre, le monogramme placé sur la tige d'une croix
chargée d'une étoile, le tout d'or ; au second de gueu-
les à une gerbe d'or accompagnée en chef d'une étoile
du même.

Au-dessous la date : 1592.

A l'autre angle du tableau : ÆTATIS SVE 65.

La pierre tumulaire de cette même Simonne
Pocquelin est aussi conservée au musée de
Beauvais (1) : hauteur 0ᵐ60, largeur 0ᵐ44.

Nous en devons également un décalque à M. Mathon.

La partie supérieure, arrondie au sommet, représente, dessinés au trait, le Christ sur la croix fichée
sur une tête de mort, à gauche la Vierge, à droite une
femme agenouillée, tenant un chapelet à la main : la
coiffure de cette femme, identique à celle de la tête
du portrait, semble indiquer qu'on a voulu représenter Simonne Pocquelin.

Au-dessous sont ces mots :

Cy deuant gilt honeste femme
Dame Simone Pocquelin femme
de Anthoine bachelier marchant
et bourgeois de Beauuois
laquelle trespassa le xx ior d'Aoust
1592 Aagee de lxv ans
Priez dieu pour son Ame.

(1) Catalogue n° 248, p. 49.

1532. Jehan Pocquelin, *marchand* à Beauvais, près la porte du Châtel, lequel demanda la permission d'asseoir une chambre au-dessus de la voirie étant près de sa maison. (Ext. des délibérations de l'Hôtel de ville, année 1532.)

✳

GÉNÉALOGIE

La filiation (1) s'établit régulièrement depuis :.

I

Jehan Pocquelin, marchand et bourgeois de Beauvais, lequel servit, le 8 juin 1553, de procureur à Mᵉ Jehan Hariel, régent de l'Université de Paris, pour donner au chapitre de Beauvais, le dénombrement du fief de la mairie d'Haudiviller que possédait ledit Hariel.

Il épousa Jeanne Hariel, fille de Robert Hariel, bailli du chapitre et de Jeanne Canterel ; leurs enfants furent :

1º Jehan qui suit ;

2º Simonne Pocquelin citée plus haut ;

---

(1) La presque totalité des renseignements qui vont suivre proviennent des manuscrits historiques sur le Beauvaisis, appartenant à M. Le Caron de Troussures : « La connaissance des notes se rattachant à ces recherches, » a écrit M. Mathon, « serait une nouvelle source d'éclaircissements pour mieux affirmer que la famille de Molière était originaire de Beauvais. »

3° Le P. Alexandre Pocquelin, *Bellovacus*, religieux de l'ordre des Franciscains ou Frères Mineurs, représenté dans un tableau du musée de Versailles peint vers 1640.

II

Jehan Pocquelin, II° du nom, marchand et bourgeois de Beauvais, né vers 1530, échevin de la ville en 1566 et 1568 ; son receveur en 1571 ; mort le 14 novembre 1572.

Il fut marié deux fois :

La première, avec Angadresme (1) Mallet dont il eut :

1° Marie Pocquelin, épouse, par contrat du 27 mai 1576, de Jehan Binet ;

2° Jehan Pocquelin, III° du nom, lequel, avec sa sœur Marie Pocquelin et son beau-frère Jehan Binet, transigea le 1ᵉʳ juillet 1585 avec Guy Carette et Marie Cozette, sa femme, auparavant veuve de Jehan Pocquelin.

C'est lui qui a formé la branche parisienne (2)

---

(1) Au VII° siècle vivait Angadresme, fille de Robert, chancelier du Roi ; elle fut mise au nombre des Saintes pour sa vie pieuse, et est devenue la patronne de Beauvais.

(2) Nous avouons que, trompé par l'existence du même prénom de Johan, nous avions toujours cru que ce Jehan Pocquelin s'était marié deux fois : la première à Agnès Mazuel, la seconde à Anne Gaulde : nous sommes heureux de pouvoir rectifier cette attribution erronée, grâce aux Mss. de M. de Troussures.

illustrée par Molière : quoique branche aînée, nous la rapporterons après les Pocquelin de Beauvais pour ne pas couper la filiation que nous venons de commencer.

La seconde fois, avec Marie Cozette, laquelle, le 13 mars 1573, comme tutrice de ses enfants, passa acte avec Jacques Cozette, tuteur de ses enfants et de Simonne Pocquelin, et curateur de Marie Pocquelin, fille du premier mariage de Jehan Pocquelin avec Angadresme Mallet ; ladite Marie Cozette, étant veuve, épousa en deuxième mariage, par contrat du 22 juillet 1575, Guy Carette.

Du deuxième lit de Jehan Pocquelin avec Marie Cozette sortirent :

3° Guy Pocquelin ;

4° Robert Pocquelin, qui suit ;

5° Jehan Pocquelin, IV° du nom, échevin de Beauvais en 1602, marié à Anne Gaulde, fille de Louis Gaulde.

Nous renvoyons, pour connaître sa nombreuse descendance, à notre histoire de *La Famille de Molière*, p. 8 à 27, où elle a été établie suivant un document authentique des archives nationales, et où sont rapportés les représentants actuels de Molière ;

6° Alix Pocquelin, épouse, par contrat du 26 octobre 1586, de Marcel Binet, avocat à Beauvais ;

III

Robert Pocquelin, Ier du nom, marchand, bourgeois de Beauvais ; échevin en 1589.

Il passa bail, le 15 novembre 1613, avec son frère Jehan Pocquelin, de 90 journaux de terre qu'ils possédaient à Crevecœur.

Il était mort le 25 mai 1619, date d'un partage entre Charles Carette, fils de Guy Carette et de Marie Cozette, veuve de Jehan Pocquelin, Marcel Binet et Alix Pocquelin, sa femme, et Gabrielle Gaulde, veuve de Robert Pocquelin, au nom de Louis et de Guy Pocquelin, ses enfants mineurs.

Robert Ier épousa Gabrielle Gaulde, fille de Louis Gaulde, receveur de Crevecœur, et sœur de Anne Gaulde ci-dessus nommée ; il eurent :

1° Louis, qui continue ;

2° Guy Pocquelin, lequel transigea, le 26 juin 1642, avec Louis, son frère, sur les successions de Robert Pocquelin, leur père, et de Marie Cozette, veuve Carette, leur ayeule.

IV

Louis Pocquelin, Ier du nom, marchand, bourgeois de Beauvais.

Il était mort le 20 décembre 1645, date d'un acte

de tutelle et curatelle relatif aux enfants mineurs et au posthume de Louis Pocquelin et de Claire Flouret, qui était alors enceinte.

Sa femme fut Claire Flouret, laquelle vivait encore le 20 juin 1663, date d'un partage entre Guy Pocquelin et Claire Flouret, veuve de Louis Pocquelin, de biens situés dans les environs de Beauvais, dépendant de la succession de Gabrielle Gaulde, mère desdits Pocquelin.

Leurs enfants :

1° Robert Pocquelin, docteur de Sorbonne, chanoine de la cathédrale de Beauvais, lequel fit enregistrer à l'armorial général de France, 1698, sous le n° 52 de la généralité de Paris, bureau de Beauvais, ses armoiries *d'azur à un chevron d'or, accompagné en pointe d'une montagne d'argent ombrée de sable ;* il mourut, le 31 décembre 1714, doyen des chanoines et doyen des docteurs de la Faculté de Paris ;

2° Marguerite Pocquelin, mariée, par contrat du 6 octobre 1648, à Jean Borel, chef de la panneterie, chez le Roi, fils de Pierre Borel, maire de Beauvais en 1647, 1648 et 1649, et de Simonne Gueulard ; de cette union (1) ;

Eustache Borel, seigneur de Berneuil, époux de Marie-Louise de Montpassant, père de : Eus-

(1) Lettre de la fin du XVIIe siècle, citée par M. Mathon, p. 5.

tache–Louis Borel, écuyer, premier président,
lieutenant général de Beauvais, qui s'unit à
Marie-Françoise de Malingues et en eut dix-
sept enfants ;

3⁰ Anne Pocquelin, femme, en premières noces,
de N... Mauger, et, en second mariage, de
Claude Delacroix, officier du Duc d'Orléans, fils
de Pierre Delacroix et de Jeanne Lucas ;

4° Louis, qui suit.

V

Louis Pocquelin, II° du nom, bourgeois de Beauvais, fut baptisé le 18 mars 1641.

Il était valet de chambre de Monsieur (un des
seize, servant par quartier aux gages de 400 livres),
lorsqu'il fit enregistrer par d'Hozier, au n° 143 du
Registre de la Généralité de Paris, bureau de Beauvais, les armoiries qui suivent : *d'azur, à un chevron
d'or accompagné de deux gerbes de même, et en pointe
d'un rocher d'argent.*

Il se maria, suivant contrat du 9 août 1675, avec
Françoise Brocard, fille de Pierre Brocard, conseiller
du Roi, élu en l'élection de Beauvais, et de Françoise Decuignières : elle testa le 22 mai 1724 et fut
enterrée le 9 août 1727, ayant été mère de quatre
enfants, savoir :

1° Louis, dont l'article sera ci-après ;

2° Marguerite Pocquelin, morte en 1736, ayant
épousé Pierre Leullier, avocat fiscal du comté
de Beauvais, fils de Lucien Leullier, aussi
avocat fiscal du comté et de Marie Dubuisson ;

3° Robert Pocquelin, prêtre, chanoine de la cathédrale ;

4° Marie-Anne Pocquelin, morte en 1727, femme,
par contrat du 1er juin 1711, de Simon Tiersonnier, conseiller au bailliage et siège présidial de
Beauvais, maire de ladite ville en 1738, fils de
Claude Tiersonnier, sieur de Quennefer, conseiller du Roi, élu en l'élection de Beauvais et de
Marguerite Denully.

VI

Louis Pocquelin, IIIe du nom, sieur d'Hannaches,
qu'il acquit le 21 novembre 1718 ; valet de chambre
du Duc d'Orléans, Régent de France ; puis officier de
la Reine d'Espagne ; enterré le 24 août 1749.

Il épousa, par contrat du 30 septembre 1708,
Marie-Anne Denully, fille de Charles Denully, garde
des sceaux de l'Hôtel de Ville et de Anne Rozel ;
elle mourut en 1740, ayant testé le 20 janvier 1737.

Une fille unique vint de ce mariage ; son article
suit.

VII

Marie-Anne Pocquelin, épouse en premières noces
de M. Delaporte, et en secondes (1) de Paul-André
Vérany de Varennes, avocat.

Elle fut instituée héritière universelle de son cousin François Pocquelin, conseiller référendaire à la
Cour des Comptes, mort à Ivry, le 11 mai 1772.

Elle mourut elle-même le 27 mai 1787.

Ainsi s'éteignirent les Pocquelin de Beauvais.
Nous allons voir ce que devinrent ceux établis à
Paris, qui n'eurent même pas une durée si pro-
longée .

(1) Voy. *La Famille de Molière*, p. 12.

LES POCQUELIN DE PARIS

BRANCHE DITE DE MOLIÈRE

III

Jehan, dit quelquefois Jean-Louis Pocquelin, fils de Jehan Pocquelin, IIIe du nom, marchand de Beauvais, et d'Angadresme Mallet, vint s'établir à Paris, rue de la Lingerie, s'y fiança le 19 juin 1594, avec Agnès Mazuel, fille de Guillaume Mazuel, « violon du Roy (1) », et de Claude Méchaine, et l'épousa le 11 juillet suivant.

Les registres paroissiens de Saint-Eustache le qualifient *porteur de grains*, mais ce n'était là qu'une petite charge qu'il avait acquise pour ses bénéfices (2)

---

(1) Lire sur les Mazuel la curieuse brochure de M. Ern. Thoinan ayant pour titre : *un Bisaïeul de Molière*, Paris, 1878. Les violons du Roy étaient au nombre de 24, sous la direction d'un *Roy des violons :* la place fut créée en 1657 pour Guillaume Dumanoir. Michel Mazuel était, depuis may 1654, *compositeur de la musique des vingt-quatre violons de la Chambre ;* il fut remplacé par J.-B. Lulli.

(2) Ce fait est attesté par M. Jal, qui explique que « c'était chose assez ordinaire chez certains bourgeois que ces acquisitions de charges de *porteurs de sel, mesureurs de charbons, mesureurs de blé*, etc. », qu'on faisait exercer par un tiers qui comptait des salaires.

et qu'il faisait exercer par un autre : il était maître tapissier, et sa boutique portait l'enseigne de Sainte-Véronique.

Ses enfants furent :

1° Jehan, qui continue ;

2° Pierre Pocquelin, baptisé le 13 mai 1596, marchand mercier, rue de la Chanvrerie ;

3° Jeanne Pocquelin, baptisée le 8 juin 1597, mariée le 19 janvier 1605, à Toussaint Perrier, marchand linger ;

4° Marie Pocquelin, baptisée le 15 janvier 1599, mariée le 5 août 1618 à honorable homme Martin Gamard, maître tailleur d'habits (1), d'où :

   a. Laurent Gamard, 11 août 1619 ;

   b. Louis Gamard, 8 mars 1621 ;

   c. Nicolas Gamard, 21 septembre 1622, marié le 15 février 1650 avec Geneviève, fille de Jean Julien, marchand de vin ;

5° Nicolas Pocquelin, baptisé le 4 mars 1600, tapissier ordinaire du Roi, office qu'il céda à son frère Jehan Pocquelin, suivant procuration *ad resignandum* du 2 avril 1631, reçue Turgis et Morel, notaires au Châtelet de Paris ; il se qualifia ensuite tapissier et concierge de la maison de Messire de Liancourt.

(1) Ch. Livet, *Les Intrigues de Molière*, 1877, p. 92.

Sa femme fut Jeanne Varet, suivant contrat
du 22 février 1645; elle lui donna :

d. Marie Pocquelin, baptisée à Saint–Sulpice, le
2 octobre 1645; elle fut tenue par son grand
père Jehan Pocquelin, qui se qualifia « tapissier ordinaire du Roy ; »

6° Agnès Pocquelin, baptisée le 27 novembre 1601,
mariée le 6 juillet 1625, à François Rozon, huissier au Châtelet ; elle mourut le 1er juillet 1636,
ayant eu de son union :

e. Agnès Rozon, 19 août 1629, femme, le 7 février 1655, de Louis Bellier ;

f. Marie Rozon, 10 juin 1631 ;

g. Bernard Rozon, 25 juillet 1633 ;

7° Guillaume Pocquelin, baptisé le 21 avril 1603,
tapissier, rue de Bourbon, marié et père de :

h. Charlotte Pocquelin, baptisée le 13 août 1636
et morte le mois suivant ;

8° Martin Pocquelin, 21 janvier 1606, marchand
de fer, marié en juillet 1635, avec Marguerite
Fleurette, morte le 16 octobre 1636 ;

9° Adrienne Pocquelin, 29 mars 1609 ;

10° Louise Pocquelin, femme, le 16 août 1637, de
Charles Droguet, gagne-denier ; enfant :

i. Charlotte Droguet, 28 septembre 1638.

IV

Honorable homme Jehan Pocquelin, né en 1595, marchand et maître tapissier à Paris, demeurant rue Saint-Honoré, paroisse Saint-Eustache, pourvu le 22 avril 1631, par lettres royales, à l'office de « tapissier ordinaire de la maison du Roi ».

Fiancé le 25 avril 1621, il épousa le 27 du même mois Marie de Cressé, fille d'honorable Louis de Cressé, aussi marchand bourgeois de Paris, et de Marie Anselin, demeurant au marché aux Poirées : le mariage fut célébré à Saint-Eustache, le 27 avril 1621.

Marie de Cressé mourut le 30 mai 1633, ayant donné, à Jehan Pocquelin, six enfants :

1° Jean, qui formera le cinquième degré ;

2° Louys Pocquelin, baptisé le 6 janvier 1623, mort avant sa mère ;

3° Jean Pocquelin, dit *le jeune*, né rue Saint-Honoré, baptisé le 1er octobre 1624, marchand tapissier sous les piliers des Halles, puis valet de chambre ordinaire de la Reine, en 1655 ; marié par contrat du 15 janvier 1656, à Marie Maillard, fille de feu Eutrope Maillard et de Pierrette Guilminaut ; il mourut le 5 avril 1660, âgé de 35 ans, ayant eu :

a. Jean-Baptiste Pocquelin, le 18 janvier 1657, mort jeune ;

b. Nicolas Pocquelin, le 19 février 1658 ;

c. Autre Jean-Baptiste Pocquelin, le 5 mai 1659, avocat au parlement de Paris, marié le 23 décembre 1684 à Élisabeth Garroche (1) ; d'où :

 aa. Louise Pocquelin, inhumée au cimetière des Innocents, le 10 juillet 1687, âgée de 19 mois ;

d. Agnès Pocquelin, le 4 septembre 1660.

4° Marie Pocquelin, 10 août 1625, morte avant sa mère ;

5° Nicolas Pocquelin, 13 juillet 1627, vivant encore au 13 janvier 1633 ;

6° Marie dite Magdelaine Pocquelin, 13 juin 1628 ; mariée par contrat du 14 janvier 1651 à André Boudet, marchand tapissier, bourgeois de Paris, demeurant sous la Tonnellerie, au Soleil d'or ;

Elle fut inhumée à Saint-Eustache le 18 mai 1665, et son mari, le 8 mai 1682.

Leurs enfants (2) furent :

e. ...... inhumé le 23 janvier 1656 ;

f. ...... inhumé le 23 juin 1656 ;

g. ...... inhumé le 3 janvier 1659 ;

---

(1) Jal, p. 989. — Voy. à l'appendice l'extrait n° 10.
(2) Ch. Livet, p. 92.

h. Jean-Baptiste Boudet, baptisé le 26 septembre 1660, bourgeois de Paris, mort avant 1711;

i. Madeleine Grésinde Boudet, le 23 juin 1663;

j. André Boudet, né avant 1665, lieutenant à Cayenne, dans une compagnie de milice, puis bourgeois de Paris, habitant au cloître et paroisse de Saint-Jacques-de-l'Hôpital;

Jehan Pocquelin, veuf de Marie de Cressé qui mourut le 10 mai 1632, âgée de 34 ans, se remaria le 30 mai 1633, avec Catherine Fleurette, fille d'honorable homme Eustache Fleurette et de Denise Foubert; elle mourut de couches, le 12 novembre 1636, n'ayant donné à son mari que les deux filles qui suivent :

7° Catherine Pocquelin, 15 mars 1634, religieuse de Sainte-Marie de Montargis;

8° Marguerite Pocquelin, née le 15 novembre 1636, qui ne survécut que quelques jours à sa mère.

Jehan Pocquelin mourut à son tour le 25 février 1669, et fut inhumé le surlendemain dans l'église Saint-Eustache.

V

Jean Pocquelin, né dans la *maison des Cinges* (1), angle de la rue Saint-Honoré et de la rue des Vieilles-

_____

(1) Nous rétablissons l'ancienne orthographe parce que la vieille maison du xiiᵉ siècle, où naquit Molière, avait pour enseigne un

Étuves, baptisé le 15 janvier 1622 ; reçu le 14 décembre 1637 survivancier en l'office de valet de chambre du Roy à la place de son père ; avocat pendant quelques mois, puis auteur et comédien, sous le nom, devenu immortel, de JEAN-BAPTISTE POQUELIN, SIEUR DE MOLIÈRE (1).

Il entra vers la fin de 1642 dans la *Société des Enfants de Famille*, ceux qu'on appelait *les petits comédiens*, et quelques mois après dans la TROUPE DE L'ILLUSTRE THÉATRE (2) qui joua, dans les fossés de la Tour de Nesle, au Jeu de paume des Métayer, un an plus tard à celui de la Croix-Noire, au port Saint-Paul, puis à un troisième, rue de Buci.

Les débuts de Molière furent difficiles, il ne fut qu'un mauvais comédien ; la gène s'en mêla, il fut emprisonné pour dette, et enfin, mis en liberté, il

écriteau où était peint : PAVILLON DES CINGES. Ce nom lui était venu d'un ancien poteau cornier, sculpté en bois, où l'on voyait plusieurs singes grimpants le long d'un arbre pour atteindre les fruits qui étaient en haut. — Le *Moliériste* a donné, p. 108, une intéressante notice sur cette maison, qui fut reconstruite en 1802 ; une belle gravure à l'eau-forte donne l'aspect de cette vieille construction du moyen âge.

(1) Nous ne répéterons pas ici les explications que nous avons fournies dans notre *Famille de Molière*, p. 38 à 54 : le mieux est de s'y reporter. — Ajoutons que le roi Louis XIII avait déclaré que la profession de comédien ne dérogeait pas.

(2) D'après M. Paul Lacroix, *Icon. Mol.*, p. 75, cette ambitieuse qualification d'*Illustre Théâtre* venait de ce qu'on y représentait surtout les tragédies de Pierre Corneille, qui furent alors réimprimées par les Elzéviers de Leyde avec le titre de *l'Illustre théâtre de M. Corneille.*

proposa aux siens de quitter Paris pour douze années, ayant abandonné, au profit de son frère, la
survivance de l'office paternel de tapissier du Roi.

L'histoire de ses pérégrinations (1) n'est pas
encore entièrement connue; mais, grâce aux recherches nombreuses faites dans les anciennes archives
des villes de France, on sait déjà que les premières
représentations furent en 1643 à la célèbre foire du
Pardon ou de Saint-Romain qui s'ouvrait à Rouen
le 23 octobre, et durait par delà la fête de la Toussaint.

En 1647, Molière était à Bordeaux où il jouait
sans succès la *Thébaïde*, pièce qui n'est pas restée ;

En juillet 1647, à Toulouse ;

A Albi, en août et septembre ;

A Carcassonne, en octobre;

A Nantes, le 23 avril 1648;

A Fontenai-le-Comte, le 9 juin de la même
année ;

A Angoulême et à Limoges ensuite;

A Toulouse, le 10 mai 1649 ;

A Narbonne, en janvier 1650 ;

(1) On consultera utilement les ouvrages suivants : Loiseleur,
les Points obscurs de la vie de Molière; Soulié, *Recherches
sur Molière;* Benjamin Pifteau, *Molière en province;* Brou-
choud, *les Origines du Théâtre de Lyon;* et la savante revue,
le *Moliériste,* que dirige avec talent M. Georges Monval, l'archi-
viste érudit de la Comédie Française.

A Agen, le 13 février suivant ;

A Angers, le 13 décembre 1650 ;

A Lyon, le 9 décembre 1652 qu'il faisait jouer l'*Étourdi*, la première pièce de lui qui soit restée ;

A Vienne en Dauphiné ;

A Pezenas, entre août et octobre 1653 ;

A Lyon encore, « sa résidence normale » ;

A Montpellier en 1654 ;

A Avignon, à Pezenas en novembre 1655 ;

A Narbonne, en mai 1656 ;

A Béziers, le 17 novembre 1656, où il joua le *Dépit Amoureux ;*

A Lyon, le 19 février 1657 ;

A Nîmes, le 12 avril 1657 ;

A Orange, à Avignon ;

A Dijon, le 15 juin 1657 ;

A Lyon, le 6 janvier 1658 ;

A Montbrison, à Grenoble ;

A Rouen, en juin 1658.

Le 3 novembre 1658, se sentant assez fort pour aborder la scène devant la première Cour du monde, il revenait à Paris et s'établissait definitivement au théâtre du Petit-Bourbon avec le titre de Troupe de Monsieur.

Alors commencèrent « les années de gloire » : ce ne fut plus qu'une longue suite de succès : acteur et poète, il produisit ces chefs-d'œuvre que nous avons cités dans notre histoire de sa famille, p. 45 et sui-

vantes, et mérita d'être appelé, par le satirique Boi-
leau Despréaux, « le plus grand écrivain du siècle :
« c'est ainsi, » a écrit Voltaire, *Discours sur l'Envie*,
« qu'un grand cœur sut penser d'un grand homme !»

Molière épousa le 20 février 1662, dans l'église
Saint-Germain-l'Auxerrois, une actrice de son théâtre, Armande-Grésinde-Claire-Élisabeth Béjard, fille
de Joseph Béjard, écuyer, sieur de Belleville, et de
Marie Hervé.

Qu'il ait été jaloux de sa femme légère et vani-
teuse, nous l'avouons, mais qu'elle l'ait matérielle-
ment trompé, comme on a osé le dire ! nous le nions
absolument : avec un érudit des plus dignes de foi,
M. Ch. Livet (1), nous trouvons la clef de l'état
d'esprit de Molière dans les vers suivants du *Misan-
thrope*, Acte II, scène 1re :

ALCESTE (rôle joué par Molière)

Je sais que vos appas vous suivent en tous lieux;
Mais votre accueil retient ceux qu'attirent vos yeux...

CÉLIMÈNE (rôle joué par Armande Béjard)

Mais de tout l'univers vous devenez jaloux.

ALCESTE

C'est que tout l'univers est bien reçu de vous.

(1) P. 158.

CÉLIMÈNE

C'est ce qui doit rasseoir votre âme effarouchée,
Puisque ma complaisance est sur tous épanchée :
Et vous auriez plus lieu de vous en offenser
Si vous me la voyiez sur un seul ramasser.

Mais laissons cette calomnie avec toutes les autres qu'inventèrent les envieux de sa gloire et de son génie : s'y arrêter, c'est faire injure à la mémoire du grand homme que Trallage, dans ses notes manuscrites, cite, avec quelques autres comédiens, comme vivant « bien régulièrement et mesme chrestiennement ».

Molière eut trois enfants :

1° Louis Pocquelin, de Molière, né le 19 janvier 1664, qui eut pour parrain, le 28 février suivant, Louis XIV, Roi de France et de Navarre, et pour marraine, madame Henriette d'Angleterre, duchesse d'Orléans ; il n'en mourut pas moins le 10 novembre suivant ;

2° Esprit-Madeleine Pocquelin de Molière, née le 4 août 1665 : elle est rappelée ci-après :

3° Pierre-Jean-Baptiste Pocquelin de Molière, né le 15 septembre 1672, mort le 11 octobre suivant.

En 1665, la troupe de Molière s'appelait *Troupe du Roy*, et son célèbre directeur obtenait 7,000 livres

de pension par an, outre certaines gratifications :
notre poète faisait merveille et la France entière l'ad-
mirait. Mais la mort, qui frappe en aveugle, le
surprit (1), le vendredi 17 février 1673, sur la scène
même, au moment où il jouait le *Malade imaginaire :*
on fit, avec beaucoup d'autres (2), cette épigramme
méchante sur sa fin déplorable :

> O sagesse de Dieu profonde,
> Le bras de ta justice à jamais soit loué !
> Molière, qui joua la Mort et tout le monde,
> Par le monde et la Mort à son tour est joué.

Nous avons raconté ailleurs les difficultés qui sur-
girent pour son inhumation religieuse de la part
d'un prélat « galant », qui peut-être n'avait pas
oublié le *Tartuffe* et que le relâchement de sa vie
a privé des honneurs de l'oraison funèbre. « Peut-
être aussi, » comme le dit M. Soulié, « si Molière était

---

(1) On a écrit que Molière fut abandonné des médecins : en tout
cas, c'était une preuve que ces derniers n'oubliaient pas ses con-
tinuelles moqueries. N'avait-il pas osé définir ainsi le médecin :
« Un homme que l'on paye pour conter des fariboles dans la
chambre d'un malade jusqu'à ce que la nature l'ait guéri ou que
les remèdes l'aient tué. » — P. Baizé, *Catalogue de la Bibl. de
la Doctrine Chrétienne.* (Bibl. de l'Arsenal, Mss. H F n° 841.)
Tout cela n'est que badinerie : convenez-en

> Doctes médecins outragés
> Par le satyrique Molière,
> La Mort, qui l'a mis dans la bière,
> Ne vous a-t-elle pas vengés !

(2) Bibliophile Jacob (Paul Lacroix), *Oraison funèbre de Molière* par de Vizé, p. 64.

mort sur la paroisse où il avait fait ses Pâques, ses obsèques n'auraient souffert aucune difficulté. »

« Tout le monde, » dit la Grange, « a regretté un homme si rare et le regrette encore tous les jours ; mais particulièrement les personnes qui ont du bon goût et de la délicatesse. On l'a nommé le Térence de son siècle ; ce seul mot renferme toutes les louanges qu'on peut lui donner. Il n'estoit pas seulement inimitable dans la manière dont il soustenoit tous les caractères de ses comédies; mais il leur donnoit encore un agrément tout particulier, par la justesse qui accompagnoit le jeu des acteurs : un coup d'œil, un pas, un geste, tout y étoit observé avec une exactitude qui avoit été inconnue jusques-là sur les théatres de Paris. »

Peu de jours après, au mois de mars 1673, Lulli enlevait à Armande Béjard la salle du Palais-Royal qu'il obtenait du Roi et y faisait représenter l'opéra d'*Alceste*. Les compagnons de Molière, obligés de chercher un autre local, s'établissaient au bout de la rue Guénégaud, toujours sous le même titre de Troupe du Roy, mais avec une organisation nouvelle.

Enfin le dernier mai 1677, la veuve de Molière elle-même, qui n'avait pas senti la gloire d'être sa femme, épousait un acteur, Isaac-François Guérin, fils de feu Charles Guérin, « officier du Roy », et de

Françoise Destriché de Bradam. Elle continua de jouer jusqu'au 14 octobre 1694 qu'elle obtint du Roi son congé, et se retira à Meudon où elle finit par mourir le 3 novembre 1700, laissant à son mari qui lui survécut jusqu'au 28 janvier 1728, le fils qui suit :

Nicolas-Armand-Martial Guérin, né en 1678, mort le 7 mars 1708 sans enfants de son mariage avec la nièce du curé Guignard. Il eut (1) tous les manuscrits de Molière : est-ce un scrupule de conscience qui lui fit, à l'instigation de son oncle le curé, anéantir ces papiers qui auraient tant de prix aujourd'hui? on peut le supposer.

« Rappelons, « dit un auteur, » que l'Angleterre montre avec orgueil les autographes de son Shakspeare, l'Italie de son Torquato Tasso, l'Allemagne de son Gœthe et de son Schiller, et la France, déshéritée, n'a pas une page de son Molière !... »

VI

Esprit-Madeleine Pocquelin, fille de Molière, née le 4 août 1665, d'abord religieuse de la Conception,

(1) « Ce qu'il y a de certain, c'est que le jeune Armand connaissait, compulsait et étudiait les manuscrits de Molière. Il eut la pensée de refaire ou de terminer la pastorale de *Mélicerte* : il le déclara lui-même dans la préface de *Myrtil et de Mélicerte*, volume publié par lui en 1699. » H. Moulin, *Molière et les Registres de l'État civil*, 1878, p. 13.

M. de la Pijardière, parlant d'une reconnaissance du 24 férue Saint-Honoré, puis enlevée et épousée le 5 août 1705 par Claude de Rachel, écuyer, sieur de Montalant, fils de défunt Jean de Rachel, écuyer, sieur de Montalant, commissaire ordinaire des guerres et de dame Marie Du Gats : Claude était veuf d'Anne-Marie Alliamet, fille d'un procureur au parlement et en avait quatre enfants.

Madame de Montalant mourut à Argenteuil le 23 mai 1723 ; son mari, Claude de Rachel, lui survécut quinze ans, car il ne mourut que le 4 juin 1738 « âgé de 93 ans ou environ ».

Nul enfant ne vint de cette union un peu tardive pour l'époux, qui avait 59 ans sonnés le jour de ses noces : de son côté, la fille de Molière, à défaut de postérité, ne put que lui apporter la notoriété qui a sauvé son nom de l'oubli complet.

Cette branche des Pocquelin, établie à Paris, avait failli, comme celle des Pocquelin de Beauvais, par une fille morte sans postérité ; il est, dans les familles, un moment où la sève est épuisée et où le tronc ne pousse plus que des branches qui se dessèchent et périssent à jamais : triste destinée des choses

---

vrier 1656 donnée à Pezenas pour 6,000 livres (arch. de l'Hérault), assure « qu'aujourd'hui, en vente publique, le prix de ces quelques lignes (écrites et signées par Molière) arriverait au moins à la somme dont elles mentionnent la reconnaissance. » *Rapport sur la découverte d'un autographe de Molière*, 1873, p. 19.

humaines de finir au moment où, arrivée à l'apogée de la gloire, une famille d'origine modeste en recueillerait le prix !

> Plaudebat, Moleri (1), tibi plenis aula theatris,
>   Nunc eadem mærens post tua fata gemit.
> Si risum nobis movisses parcius olim,
>   Parcius, heu ! lachrymis tingeret ora dolor.

(1) Voici la traduction donnée dans l'édition de Pierre Brunel, Amsterdam, en 1725 (Bibl. Jacob, p. 69) :

> La Cour, qui t'honora d'un suffrage éclatant
> Molière, après ta mort, pleure, gémit, soupire;
>   Si tu nous avois fait moins rire,
>   Nous ne te pleurerions pas tant.

Cette épitaphe a été composée par le savant Huet, évêque d'Avranches.

LES ARMOIRIES DES POCQUELIN

A Beauvais, on trouve trois armoiries différentes portées par les membres de la même famille : cette contradiction n'est qu'apparente pour ceux qui savent qu'elles étaient, non un titre héréditaire, mais un insigne fantaisiste en vertu de ce « droit immémorial (1) qu'avait tout individu de se choisir un emblème ».

Ce ne fut que quand la bourgeoisie, par l'affranchissement des communes, eut acquis une réelle importance politique, que les traditions de famille s'y établirent comme dans la noblesse (2), et que ces emblèmes héraldiques se recueillirent pieusement de père en fils et firent partie de l'héritage du père.

(1) *Bulletin de la Société héraldique*, p. 16.
(2) Une seule chose distinguait les armes des gentilshommes, c'était le *timbre*, c'est-à-dire le casque ou la *couronne* dont ils avaient l'habitude de surmonter leur écusson. — L'édit de Charles IX de 1560 n'interdit aux non nobles que le port des armoiries timbrées.

Le premier blason des Pocquelin est *parlant :* c'est une allusion au nom, *un pot de lin.* Un ancien vitrail recueilli par M. Mathon montre un écu *d'azur au pot de lin fleuri d'argent.* Plus tard, le tableau de Simonne Pocquelin, que nous avons cité, affecte la forme plus héraldique *de gueules, à la gerbe d'or surmontée d'une étoile d'or.*

Enfin, lorsque l'échevinage et la maîtrise des tisserands donne une position plus influente, les Pocquelin adoptent à Beauvais leur blason définitif : *d'azur, au chevron d'argent accompagné en pointe d'une montagne, aussi d'argent, ombrée de sable.* Robert Pocquelin, prêtre, docteur de Sorbonne, chanoine de l'église Saint-Pierre de Beauvais, les fait enregistrer ainsi, n'en variant que l'émail du chevron : une *brisure,* probablement.

Louis Pocquelin, valet de chambre de Monsieur, présente à Paris un autre écu : *d'azur, à un chevron d'or accompagné en chef de deux gerbes de mesme et en pointe d'un rocher d'argent :* il y a là un souvenir de la gerbe de Simonne Pocquelin.

A Paris, un jeton en argent de Louis Pocquelin, marchand de drap de soie, anobli par sa judicature consulaire en 1661, administrateur de l'hospice de la Charité, produit, mais cette fois timbré d'un casque de chevalier, « une sorte de château d'eau (1) sur-

---

(1) Voy. la *Famille de Molière*, p. 80.

monté de trois arbres avec une cascade » : ce qu'il faut évidemment blasonner *d'argent, à une forêt de sinople sur une terrasse de même d'où jaillit une fontaine d'argent.*

La *montagne ombrée,* la *forêt sur une terrasse,* voilà les véritables armes des Pocquelin lorsque d'Hozier, en les enregistrant dans l'Armorial général de France leur aura donné l'authenticité ; ce sont celles que portait M. de Molière et qui sont reproduites en chromolithographie dans notre histoire de la *Famille de Molière,* page 3 : *d'argent, à cinq arbres de sinople dont trois de haute tige et deux plus petits posés entre les trois, le tout sur une terrasse de sinople.*

Il faut également dire un mot des *armoiries allusives* que Molière fit marquer sur sa vaisselle plate (1) : elles rappellent sa profession de comédien : *de pourpre, à trois miroirs d'argent;* cimier, *un masque de théâtre;* supports, *deux singes tenant l'un un masque, l'autre un miroir.*

« Ces miroirs, » dit Cléante, dans l'*Oraison funèbre de Molière* par le sieur de Vizé, «montrent qu'il voyoit tout ; ces singes, qu'il contrefaisoit bien tout ce qu'il voyoit ; et ces masques, qu'il a bien démasqué des gens, ou plutost des vices qui se cachoient sous de faux masques. »

(1) Jal, *Dict. critique,* p. 874.

M. Jal, remarque que cet écusson de pure fantaisie « figure pour la première fois au bas du portrait gravé par Nolin, d'après Mignard, du moins sur le cinquième état de cette gravure ».

Un portrait de Beauvarlet, quatrième état, contient à la place de la dédicace ces vers attribués à Chénier ; ils sont cités par le savant bibliophile Jacob (1) :

> Vrai poète du peuple, ami de la nature,
> Fléau des charlatans, il brava leurs clameurs ;
> Ses crayons vertueux flétrirent l'imposture,
> Et par le ridicule il réforma les mœurs.

Et sur un autre, gravé par un anonyme, en Hollande (2) :

> Tantôt Plaute, tantôt Térence,
> Toujours Molière cependant.
> Quel homme ! avouons que la France
> En perdit trois, en le perdant.

(1) *Iconographie Moliéresque*, p. 36.
(2) *Ibidem*, p. 31.

DE LA NOBLESSE

DES VALETS DE CHAMBRE DU ROI

———

On sait que Jean Pocquelin père (1) et, après lui, Molière furent tapissiers et « *valets de chambre du Roy* » : cet emploi n'était pas, comme pourraient le faire croire nos mœurs démocratiques, un vil et obscur métier : il était lucratif aussi, puisqu'il rapportait 660 livres de gages et de nombreux profits.

C'était une charge qui, sous les anciens Rois de France, était des plus recherchées : « Vénale (2) comme toutes les autres, elle coûtait gros. Elle procurait la noblesse, conférait le titre d'*Écuyer*, était transmissible comme une propriété et avait des privilèges qui étaient très appréciés de ceux qui la possédaient... Les personnes royales étant sacrées, la dignité humaine n'avait point à se ravaler, en les servant dans leurs besoins les plus intimes. »

(1) Nicolas Pocquelin, son frère, avait résigné sa charge en sa faveur par acte du 2 avril 1631, au rapport de Turgis et Morel, notaires à Paris : il en reçut le prix le 8 avril 1633.

(2) Jal, *Dict. crit. d'histoire*, p. 1217.

7

Parmi les illustres qui, outre Molière, remplirent cette charge, on cite le poète Jean-Clément Marot, en 1427, et le peintre Philippe de Champaigne, en 1628.

Des ordonnances royales confirmèrent, dès 1594, leurs privilèges qui furent constamment maintenus : nous citerons, comme les résumant toutes, les lettres ci-après de 1697, rapportées, dans l'*Abrégé Chronologique d'Édits concernant le fait de noblesse* (1), de Chérin, conseiller à la Cour des Aides et généalogiste officiel des ordres du Roi :

« DÉCLARATION DU ROI, du 26 mars 1697, por-
» tant attribution de la qualité d'Écuyer aux Porte-
» Manteaux et Huissiers de la Chambre et du
» Cabinet, Valets-de-Chambre et de Garde-Robe du
» Roi.

» Sur les remontrances faites au Roi par les Porte-Manteaux, les Huissiers de la Chambre et du Cabinet de sa M. et ses Valets-de-Chambre et de Garderobe, qu'entre toutes les grâces que les Rois ses prédécesseurs, et Elle, leur auroient faites, ils auroient obtenu celle de se pouvoir dire et qualifier *Ecuyers*, ainsi qu'il est porté aux *Lettres-Patentes de Henri-le-Grand, son ayeul, du mois d'Octobre 1594 et 2 Mars 1610, et celles du mois de Mai 1611, 10 Mars 1615, 10 Mars 1622, Juillet 1655 et Mars*

---

(1) Page 228. Ce recueil a été imprimé à Paris en 1788.

1661 ; Et d'autant que l'enregistrement des dites
lettres a été négligé par les prédécesseurs des Sup-
plians, ils ont été souvent troublés ; ce qui les a
obligés d'avoir recours à S. M. dans les occasions ; et
Elle auroit en dernier lieu rendu Arrêt en son Conseil, le 13 novembre 1696, par laquelle Elle auroit
déchargé ses Valets-de-Chambre des taxes pour lesquelles ils pouvoient avoir été compris dans les
Rôles arrêtés au Conseil pour les droits de Francs
Fiefs, à cause des fiefs qu'ils possèdent; et depuis,
par autre Arrêt du Conseil du 18 février 1696, S. M.
auroit accordé pareille décharge à ses Valets de
Garde-robe, et déclaré communes avec eux les
Lettres du mois de juillet 1653, dans lesquelles les
dits Valets de Garde-robe n'avoient été particulièrement compris. Sur quoi, tant les dits Valets de
Garde-robe que les Porte-Manteaux, Huissiers de la
Chambre et Cabinet et Valets-de-Chambre de S. M.
l'ont très-humblement suppliée de déclarer à nouveau sa volonté sur la dite qualité d'Écuyer à eux
attribuée ;

» S. M. en confirmant les dites Lettres de Henri IV,
de Louis XIII et les siennes, a *maintenu* ses Porte-
Manteaux, Huissiers de sa Chambre et de son Cabinet et ses Valets-de-Chambre et de Garde-robe, *en la
qualité d'Écuyer,* voulant qu'ils en jouissent tant
qu'ils seront revêtus de leurs charges ou qu'ils au-
ront obtenu des Lettres de Véteran, sans qu'ils

puissent y être troublés ni inquiétés, sous quelque
prétexte que ce soit. »

La dernière disposition de la déclaration royale,
semble prouver que la charge de Valet-de-Chambre
n'apportait à son titulaire qu'une noblesse purement
personnelle : elle n'était pas transmissible et il fallait
Lettres de Vétéran pour que le privilège s'en étendît
au-delà de l'emploi : la Vétérance était acquise pour
un exercice de vingt ans.

Au contraire, les *Lettres de Survivance*, comme
celles qu'obtint Molière, le 14 décembre 1637, à l'âge
de quinze ans, étaient la récompense des services des
officiers qui se distinguaient : elles rendaient la
charge héréditaire.

Quoiqu'elles s'obtinssent, comme les autres,
moyennant finance, il fallait néanmoins que le titulaire fût reçu par le premier gentilhomme de la
Chambre et prêtât serment entre ses mains avant
d'obtenir ses lettres de provision.

Les quelques observations qui précèdent nous ont
paru utiles pour prouver la noblesse de Jean-Baptiste Pocquelin, qui, quelques fois se qualifia
écuyer, *sieur de Molière*. Il ne dérogea pas par le fait
de sa profession de *Comédien*, puisqu'une déclaration Royale du 16 avril 1641 (1) édicta :

« Deffence à tous comédiens de représenter au-

(1) Ch. Livet, *Les Intrigues de Molière*, notes, p. 197.

cunes *actions deshonnestes*..., et, au cas qu'ils
règlent tellement l'action du théatre qu'elle soit du
tout exempte d'impureté, le Roy veut que le dit
exercice ne leur puisse estre imputé à blasme, ny
préjudicier à leur réputation dans le commerce public. »

Les nombreuses mentions qui en sont faites sur
les registres paroissiaux, concernant les actes de
l'état civil des comédiens, attestent, en outre, qu'ils
furent toujours comptés parmi les « Officiers du
Roy ».

Molière conserva sa charge jusqu'à sa mort, comme
le prouve le contrat de mariage d'entre Jean-Baptiste Aubry et Geneviève Bejard, sa belle-sœur, reçu
le 15 septembre 1672, par Levavasseur, notaire à
Paris (1).

Son acte de décès, du mardi 20 février 167⅔, prouve
qu'il mourut revêtu de sa charge de « tapissier et
valet de chambre ordinaire du Roy »: par consé-
quent, il transmit sa noblesse à sa fille.

(1) Soulié, Document XLIV.

EXTRAITS DES REGISTRES PAROISSIAUX

RELATIFS AUX POCQUELIN (BRANCHE DE MOLIÈRE)

———

Addition aux extraits publiés page 69 et suivantes de la FAMILLE DE MOLIÈRE. *Paris, 1879.*

———

1. PAROISSE SAINT-EUSTACHE, DE PARIS :

« Jehan Pocquelin, par. no. uxor, Marie Cressé, id., affinati 25 aprilis 1621, desponsati 27 eiusdem mensis et anni. »

C'est-à-dire :

Jehan Pocquelin, notre paroissien, époux, Marie Cressé, notre paroissienne, épouse, fiancés le 25 avril 1621, mariés le 27 des mêmes mois et an.

2. PAROISSE SAINT-GERMAIN-L'AUXERROIS, DE PARIS :

« Du dict jour (lundy vingt sixiesme may 1659), conuoi de cinquante (prêtres) et quatre (porteurs), vespres de Joseph Beygar, *comédien,* pris sur le quay de l'Escholle et porté en carrosse à Saint Paul. Reçu 20 livres. »

3. SAINT-GERMAIN-L'AUXERROIS :

« Le jeudy vingt septiesme de novembre mil six cent soixante quatre (1664), Léonard de Loménye, fils de Léonard de Loménye et de feue Catherine Monneron, d'une part, et damoiselle Geneuiefue Bejart, fille de feu Joseph Béjart, procureur au Chatelet de Paris, et de Marie Herué, d'autre part, de cette paroisse, rue Saint-Thomas, mariés en présence de Jean Monneron, Sᵣ de Courbiat, cousin du marié, et Pierre de la Villette, amy du marié, et lad. Marie Herué, mère de la mariée, et Louis et Magdelaine Béjard, frère et sœur de la mariée, et Henriette de Bertelin, cousine de la mariée, et aultres, et Marie Regnault, amie de la mariée, avec dispense d'un ban. »

Signé : « De Loménie , Geneuiefue Bejart , de Courbiat, Marie Herué, Louis Bejart, M. Bejart, de Berthelin , Deuillatte. »

4. SAINT-EUSTACHE :

« Du mardy 4ᵉ aoust 1665, fut baptisée Esprit Magdeleyne, fille de Jean-Baptiste Pougelin Maulier, bourgeois, et Armande-Grésinde , sa femme , demeurant rue Saint-Honoré. Le parrain Messire Esprit de Remon, marquis de Modêne ; la marraine Magdel. Bezart, fille de Joseph Besart, viuant procureur. »

5. SAINT-EUSTACHE :

« Mercredy 27ᵈ feurier 1669, conuoi de 42, seruice complet, assistance de M. le Curé, 4 prestres porteurs pour deffunct Jean Pocquelin, tapissier, valet de chambre du roy, bourgeois de Paris, dem' soubz les pilliers des Halles, deuant la fontaine, a esté inhumé dans nostre églize : 27 liures 8 sols. »

6. SAINT-GERMAIN-L'AUXERROIS :

« IV° janvier 1670. Le dict jour fut inhumée en l'église de Saint-Paul, Marie Herué, aagée de 80 ans, décédée hier sur les six heures du matin, veuue de Joseph Bejart, bourgeois de Paris, prise rue Frementeau, portée en carrosse en la susd. église, par permission. »

Signé : « Villaubrun, son gendre;
         « Louis Bejard, fils de Marie Herué. »

7. SAINT-GERMAIN-L'AUXERROIS :

« Le lundy dix-neuf septembre mil six cent soixante et douze, Jean-Baptiste Aubry, agé de trente-six ans, Sr des Carrières, paueur ordinaire des bastiments du Roy, fils de Léonard Aubry, aussi paueur des bastiments du Roy, et de damoiselle Anne Papillon, d'une part, et dam^elle Geneuieue Beiard, agée de quarante ans, veïue de feu Léonard de Loménie, viuant bourgeois de Paris, d'autre part, tous deux de ceste paroisse, rue des Fossés-Saint-Honoré, fiancés et mariés tout ensemble par permission de Monseigneur l'Archevêque, en présence desd. Léonard Aubry et de d° Anne Papillon, père et mère du marié, et Sébastien Aubry, frère du marié, et Anne-Marie et Barbe Aubry, sœurs du marié, Pierre Leuiez, cheualier, médecin général de l'ordre royal et militaire du Saint-Esprit, beau-frère du marié, et autres, les publications faites, et de M. Frapin, marchand apothicaire, amy de la mariée. »

Signé : « Aubry, Geneuiefue Beiard, Aubry, Anne Papillion, Sébastien Aubry, Anne Aubry, Marie Aubry, Raymond, Le Viez, Barbe Aubry, Frapin. »

8. SAINT-SULPICE, PAR. DE PARIS :

« Le quatriesme jour de juillet 1675 a esté faict le convoy, seruice et enterrement de Geneuiefue Bejart, aagée de quarante-quatre ans, femme de M. Aubry, paueur ordinaire du Roy et l'un des entrepreneurs du pavé de Paris, morte le 3 du présent mois, rue de Seyne, à l'hostel d'Arras, et ont assisté aud. enterrement Jean-Baptiste Aubry, son mary, et Louis Bejart Lesguizé, lieutenant au régiment de la Ferté, son frère, et plusieurs autres amis de la deffuncte. »

Signé : « Aubry. »

9. SAINT-SULPICE :

« Le quatorze octobre 1675, Louis Bejart, sieur de Léguisé, officier au régiment de la Ferté, aagé d'environ quarante-cinq ans, mort le treize, rue Guénégaud, au logis du sieur Mécard, marchand chandelier, et ont assisté à son enterrement Jean-Baptiste Aubry et Isaac-François Guérin, beaux-frères du deffunct. »

10. ARCHEVÊCHÉ DE PARIS; REGISTRE DES DISPENSES :

« Johannes-Baptista Pocquelin et Elisabeth Garroche, St. Eustachii, ob causas in libello supplice expositas : 21 décembre 1684. »

C'est-à-dire :

Jean-Baptiste Pocquelin et Élisabeth Garroche, de la paroisse de Saint-Eustache, ont obtenu dispense de tous les bans pour les causes exposées en leur supplique, le 21 décembre 1684.

11. SAINT-SULPICE :

« 24° de juin 1688, conuoy et enterrement de Françoise Destriché de Bradame, veuve de M. Guérin, vivant officier du Roy, agée de 71 ans, dem' rue de Seine, et ont assisté aud. convoy et enterrement Isaac-François Guérin, bourgeois de Paris et officier du Roy, fils de la d. deffuncte... »

12. SAINT-SULPICE :

« Le vingt-unième may 1692 a esté fait le conuoy et enterrement de Jean-Baptiste Aubry, m° paveur ordinaire des bâtimens du Roy, et l'un des entrepreneurs du pavé de cete ville, agé d'environ quarante-cinq ans, décédé du jour d'hier, rue de Seine, proche l'égoust, en sa maison; et ont assisté audit conuoy et enterrement : Estienne Chagrain, maistre tixerant, et François la Cheure, charpentier. »

Signé : « Chagrain. »

13. SAINT-SULPICE :

« Le 8 mars 1708, enterrement de Nicolas-Armand-Martial Guérin, bourgeois de Paris, agé de 30 ans, décédé le jour précédent, rue des Fossés-St-Germain, dans sa maison, et y ont assisté Claude de Rachel,

écuyer, s^r de Montalan, son beau-frère, et François
Mignot, marchand orfèvre, son cousin-germain, qui ont
signé : Montalant, Mignot, Procope (1). »

14. SAINT-SULPICE :

« Le 29 janvier 1728, enterrement d'Isaac-François
Guérin, agé d'environ 92 ans, officier du Roy, veuf
d'Armande-Grésinde-Claire-Élisabeth Bejard, mort le
jour précédent, rue des Fossés-St-Germain, chez
M. Fume, et y ont assisté François Mignot, m^e jouail-
lier, nepueu... et Charles Botot Dangeville, officier du
Roy, amy dud. defunt, qui ont signé : Mignot, Botot-
Dangeville. »

ARMORIAL DES FAMILLES

ALLIÉES AUX POCQUELIN DE BEAUVAIS

Binet : *d'azur, à la barre d'argent chargée de trois
tourteaux de sable.*

Borel : *d'azur, au cœur ailé d'or, accompagné de deux
croissants en chef, et d'un trèfle en pointe, aussi d'or.* —
Dans son armorial général de 1696, d'Hozier, de sa
propre autorité, changea les armes ci-dessus en
celles-ci : *burellé d'azur et d'or.*

(1) Procope, dont on voit le nom au bas de cet acte, était le
célèbre limonadier de la rue des Fossés-Saint-Germain, dont le
nom véritable est François-Procope Couteaux.

Brocard : *d'azur, à trois trèfles d'or, 2 et 1 ; celui de la pointe surmontant un croissant d'argent.*

Delacroix : *de gueules, au chevron parti d'or et d'argent, accompagné de deux étoiles d'or en chef, et en pointe d'un croissant d'argent surmonté d'une croix pattée et alaisée de même.*

Delaporte : *de gueules, à la tour d'or ajourée et maçonnée de sable.*

Denully : *d'azur, au chevron d'or accompagné de trois étoiles du même 2 et 1 ; celle de la pointe surmontant un croissant d'argent.*

Flouret : *d'azur, au chevron abaisse d'or, le long duquel rampent deux lions affrontés de gueules, accollés d'argent, et surmontés d'une fleur de lys d'or à dextre et d'un lion léopardé du même à senestre.*

Leullier : *d'azur, à trois étoiles d'or, 2 et 1, celle de la pointe surmontant un croissant d'argent.*

Mallet : *d'azur, à trois trèfles d'or, 2 et 1.*

Mauger : *d'azur, aux balances d'or, accompagnées en chef d'un soleil à dextre et d'une lune à senestre d'argent, et en pointe d'une étoile aussi d'argent.*

Tiersonnier : *d'azur, au cœur d'or, surmonté d'une étoile du même et soutenu d'un croissant d'argent.*

APPENDICE

———

MOLIÈRE ET LES MÉDECINS

———

Les anciennes éditions de Molière contiennent des pièces de vers relatives soit à ses œuvres, soit à sa mort : le premier volume, notamment, des *Œuvres de Monsieur de Moliere*, publiées vraisemblablement par les soins du comédien Marcel, son contemporain (Lyon, Jacques Lyons, 1692), se termine par un *Recueil des épitaphes les plus curieux faits sur la mort surprenante du fameux comédien le sieur Moliere*. La plus grande partie de ces morceaux a été reproduite de nos jours par le bibliophile Jacob, à la suite de son *Oraison funèbre de Molière*, par de Vizé (Paris, Jouaust, 1879), mais il y manque une pièce curieuse, celle des *Médecins vengés*, qui parut pour la première fois imprimée en 1692.

On sait que les médecins furent l'objet des conti-

nuelles moqueries (1) de notre poète comique qui
s'attaqua à tous les vices de son époque. Cette satire
persistante des praticiens du XVIIᵉ siècle était-elle
chez lui la suite, comme Grimarest l'a osé écrire,
d'une rancune particulière contre ce médecin qui,
par avarice de sa femme, lui donna brutalement
congé d'un appartement qu'il occupait dans sa maison? nous ne pouvons croire à pareille petitesse de
la part de ce grand correcteur de nos mœurs, mer-
veilleusement poète et comédien.

Molière était arrivé de province « avec un maga-
sin d'ébauches par la quantité de petites farces qu'il
avait hasardées dans les provinces » ; avec le flair
merveilleux qui distingua toujours son talent, à la
cour du grand Roi, il comprit bien vite qu'il devait
chercher, dans un ordre d'idées plus élevé, le sujet
de la comédie, et il s'attaqua spécialement aux vices
d'une époque où la période du progrès apparaissait
déjà dans les sciences comme dans les arts.

L'esprit d'induction dans la philosophie et les
méthodes expérimentales commençaient à pénétrer
dans le domaine des sciences : la doctrine d'Aristote,
jadis dominante, était menacée. En 1619, Harvey

(1) M. de Mauvillain, médecin, était son ami : ils se trouvèrent
un jour l'un et l'autre à Versailles au dîner du Roi. Sa Majesté dit
à Molière : « Voilà donc votre médecin? que vous fait-il? —
» *Sire,*» répondit Molière, «*nous raisonnons ensemble ; il m'or-*
» *donne des remèdes ; je ne les fais point et je guéris.* »

communiquait à ses élèves sa précieuse découverte
de la circulation du sang; Aselli, en 1622, démontrait
l'existence des vaisseaux chylifères; Descartes et Gas-
sendi ouvraient de nouveaux horizons dans l'ordre
physique ; la plupart des médecins n'en continuaient
pas moins leurs us et coutumes basés sur les pré-
ceptes de l'antiquité, dont l'autorité était encore sans
rivale et était regardée comme sacrée.

C'était une noble mission pour le génie de Molière
qui comprenait cette joute des deux partis, au point
de vue intellectuel comme sous le rapport social, que
de précipiter la chute de ces souteneurs de théories
mystiques et surannées, de ces alchimistes ignorants,
médecins, apothicaires et même *barbiers,* dont l'esprit de corps était étroit et exclusif, le jargon maca-
ronique, et le mode de procéder un trop précieux
sujet à philippiques pour la comédie : aussi leur
livra-t-il bataille dans cinq grands engagements et
dans d'innombrables escarmouches.

L'un de ces grands engagements fut la farce du
Médecin malgré lui (1666), composée à la hâte et
écrite en prose, comédie à laquelle il n'attachait pas
grande importance, quoiqu'on y trouve presque à
chaque scène « des allusions piquantes à l'adresse de
la gent médicale ».

Le comédien Subligny, auteur de la Gazette Ri-
mée sous le nom de *Muse Dauphine,* constata que
Molière eut plutôt pour but, en la produisant, de

faire rire ses spectateurs comme il le faisait en province, que de ridiculiser la docte Faculté :

> Molière, dit-on, ne l'appelle
> Qu'une petite bagatelle,
> Mais cette bagatelle est d'un esprit si fin,
> Qu'il faut que je vous le die :
> L'estime qu'on en fait est une *maladie*,
> Qui fait que dans Paris tout court au *médecin*.

Molière mourut malheureusement sur la brèche
lors d'une représentation en 1673 du *Malade Imaginaire*, et cette fin étrange lui valut cette épitaphe :

> Le Malade Imaginaire
> Ne sauroit l'avoir fait mourir ;
> C'est un tour qu'il joue à plaisir,
> Car il aimoit à contrefaire.
> Quoi qu'il en soit, cy gît Molière ;
> Comme il étoit comédien,
> Pour un malade imaginaire,
> S'il fait le mort, il le fait bien.

Il est certain que, sans la protection du roi
Louis XIV, dont la délicatesse d'esprit et le bon goût
résistèrent aux entraînements du vice et de la flatte-
rie, Molière eût tôt ou tard expié à la Bastille, sous
quelque lettre de cachet, son audacieuse témérité de
lutter contre ces docteurs à la mode qui occupaient
à Versailles une position fort importante et que la
bourgeoisie principalement vénérait profondément.
Le pamphlet envenimé d'*Élomire hypocondre*, « qui

rapporta à son auteur plus d'infamie que de réputation (1), » et signé Le Boulanger de Chalussay, un
médecin assurément, prouve que quelques-uns le
poursuivirent d'une haine aveugle et ne craignirent
pas de calomnier sa vie privée. D'autres, au contraire,
d'un esprit élevé, eurent le bon goût de rire des sar-
casmes dont il les flagellait ; le fait est attesté par
Molière lui-même dans sa préface du *Tartuffe*, où il
écrivit :

« Voicy une comédie dont on a fait beaucoup de
bruit, qui a été longtemps persécutée ; et les gens
qu'elle joüe ont bien fait voir qu'ils étoient plus
puissans en France que tous ceux que j'ai jouez jus-
ques ici. Les Marquis, les Précieuses, les Cocus et
les MÉDECINS ont souffert doucement qu'on les ait
représentez ; et ils ont fait semblant de se divertir
avec tout le monde, des peintures que l'on a faites
d'eux, mais les *Hypocrites* n'ont point entendu rail-
lerie... »

La vengeance de ces derniers fut autrement puis-
sante et suivie : nous avons dit les difficultés qu'elle
fit surgir lors de son enterrement. Aussi Chapelle
fit-il cette épitaphe :

> Puisqu'à Paris on dénie
> La terre après le trépas

---

(1) Voir une excellente étude sur *Molière poète et comédien*,
écrite au point de vue médical par le Dr A.-M. Brown, et tra-
duite de l'anglais par M. George Lennox. Bruxelles, 1877.

> A ceux qui durant leur vie
> Ont joué la comédie,
> Pourquoi ne jette-t-on pas
> Les bigots à la voirie?
> Ils sont dans le même cas.

Quant à nous, l'un des réprésentants de Molière (1) et petit-fils d'un médecin (2), nous avons tenu à constater que le grand comédien fut, — à son insu, si même on le veut, — un des champions les plus actifs de la cause du progrès qui a substitué, au système de l'ancienne tradition, un judicieux éclectisme : les vieilles méthodes ont en partie disparu devant les découvertes de l'anatomie pathologique, seule appelée, de nos jours, à fonder véritablement l'*art de guérir*.

Ces préliminaires posés, citons cet excellent petit poème pour la première fois signalé comme *manuscrit* dans l'exemplaire des œuvres de Molière (Paris, 1674-75) que possédait, en 1743, Barré, auditeur des Comptes (3) :

(1) Voy. *la Famille de Molière*, p. 20.
(2) Jacques-Léonard Révérend du Mesnil, reçu docteur-médecin le 7 octobre 1778, lequel « après avoir prodigué pendant plusieurs » mois ses soins aux militaires blessés et atteints de fièvres con- » tagieuses, dont les hôpitaux de Falaise furent encombrés en » 1814, succomba le 8 juin de cette même année, victime de son » généreux dévouement »..
(3) *Icon. Mol.*, p. 77.

LES MÉDECINS VENGEZ

ou

LA SUITE FUNESTE

du

MALADE IMAGINAIRE

——

Depuis longtemps une erreur sans seconde
Dans l'esprit des Mortels régnoit absolument,
    Et dans tous les recoins du Monde
    S'étendoit merveilleusement,
    Quand un des grands Hommes de France,
    Moins renommé par sa naissance,
    Que célèbre par ses Écrits,
    Reconnoissant cette chimère,
    Voulut, en la rendant vulgaire,
Désabuser jusqu'aux moindres Esprits.
    Ce fut cet Homme incomparable,
    Cet excellent Peintre de mœurs,
Molière enfin, de qui la plume inimitable
Voulut des Medecins, par un trait admirable,
    Représenter les brutales humeurs.
    Il connut que l'idolâtrie
    Que les hommes ont pour la vie
Estoit le seul fondement de leur Art ;
Et que bien loin de soulager nos peines,
    Leur esprit n'avoit d'autre égard
Que de tirer profit des foiblesses humaines.

Comme dans un vivant Tableau,
Nous remarquons dans sa Piece derniere,
Qu'un homme se faisant Malade Imaginaire,
Se croit, étant très sain, proche de son tombeau :
Qu'un Medecin plein d'arrogance
Entretient par son ignorance
Cette erreur ridicule ; et par un soin fatal,
Loin qu'à la dissiper son esprit s'étudie,
Il augmente sa maladie,
Pour d'autant plus profiter de son mal.
Par des Ordonnances sévères
Il lui prescrit, dans l'espace d'un mois,
Douze purgations, quinze ou seize clisteres,
Sans les syrops, desquels son caprice fait choix.
C'est ce qui nous fait voir que de la Medecine
L'Art fut trouvé plus pour notre ruine,
Que pour notre soulagement ;
Puisque pour peu de mal que puisse avoir un homme,
L'excès des Remèdes l'assomme,
Ou corrompt la bonté de son tempérament,
Et ces Docteurs pleins d'avarice,
Se font riches à nos dépens ;
Et qu'au lieu que chez les Marchands
Nous prenons simplement ce qui nous est propice,
Il nous faut, chez ces gens, loin de ce qui nous sert,
Prendre le poison qui nous perd ;
Et loin qu'aucun dégoût au refus nous obstine,
Il faut non seulement, par un fâcheux destin,
Que nous payions notre assassin,
Mais encore le fer dont il nous assassine.
C'est ce que cet illustre Auteur
Dans sa Pièce nous fit paroitre ;
Mais en nous le faisant connoitre,

Il attira lui-même son malheur :
Les Médecins d'intelligence,
Aspirans tous à la vengeance,
Cherchèrent les moyens de se la procurer,
Et par une mort exemplaire
Ils conclurent enfin qu'il falloit réparer
Le tort qu'à leur sçavoir sa plume avoit pu faire.
Cependant l'exécution
Leur en paroissoit difficile,
D'autant que près de lui leur science inutile
Ne leur en fournissoit aucune occasion.
Poussez d'une fureur extrême,
Ils conjurèrent la Mort même
D'entreprendre ce coup pour eux ;
Et pour plus aisément la porter à le faire,
Le plus âgé, d'un air respectueux,
Luy parla de cette manière :
« Souveraine des Rois, Maîtresse des Humains,
» Qui tenez de leurs jours le destin en vos mains,
» Et de qui le suprême et redoutable empire
» S'étend également sur tout ce qui respire ;
» Voyez d'un œil bénin vos pauvres Substituts ;
» Les humbles Médecins à vos pieds abattus,
» Qui dans l'accablement d'un désespoir extrême,
» Ne peuvent recourir qu'à leur Princesse même.
» Vous ne sçavez que trop avec quels soins heureux
» Chacun de nous travaille à contenter vos vœux ;
» Que pour faciliter votre atteinte mortelle,
» Nous dissipons des corps la vigueur naturelle ;
» Et que sans le secours de nos médicamens,
» Les hommes pourroient vivre encore plus longtemps :
» Cependant ce n'est pas pour vanter nos services,
» Ni demander le prix de tous nos sacrifices

» Que nous osons icy paroître devant vous :
» Nous ne nous prosternons, Madame, à vos genoux,
» Que pour vous demander justice de Moliere :
» C'est lui qui nous détruit dans l'esprit du vulgaire,
» Et qui sur son Théâtre ose à tous faire voir
» Que notre intérêt seul fait tout notre sçavoir ;
» Que nous n'avons des maux aucune connoissance ;
» Que de nous les Humains tirent peu d'assistance ;
» Et que loin de sçavoir l'art de les secourir,
» Nous ne les guérissons qu'en les faisant mourir.
» Jugez à quel mépris cet homme nous expose.
» Mais quoique vous deussiez prendre en main notre cause,
» Et détruire qui cherche à nous détruire tous,
» Vous ne devez venger, grande Reine, que vous.
» Oui, cet impertinent, par une audace extrême,
» Va jusqu'à nous jouer sur son Théâtre même ;
» Et par la feinte mort, qu'au public il fait voir,
» Il brave de vos traits l'invincible pouvoir.
» Vengez-vous donc, Madame, et de son insolence,
» Punissez l'orgueilleuse et coupable licence :
» Montrez, en le perçant de véritables coups,
» Qu'on ne se mocque point impunément de vous ;
» Que vous sçavez braver qui, comme lui, vous brave ;
» Que le plus grand Mortel vous est moins qu'un esclave,
» Quand il a du mépris pour votre autorité :
» Et c'est à quoi conclut notre humble Faculté. »

La Mort, à ce discours, furieuse, emportée,
        D'un transport non accoutumé,
Prend de ses traits mortels le plus envenimé ;
Et pour ne plus trouver sa fureur arrêtée,
        Elle quitte les Médecins,
Qui ne pénétrans pas ses funestes desseins,

   Croyent avoir perdu leurs peines :
Et puisqu'elle s'enfuit sans leur répondre rien,
   Elle leur témoigne assez bien
Qu'elle ne prétend pas satisfaire leur haine.
    Cependant à ce coup fatal
    La cruelle, trop empressée,
Ne croit pas son offense assez bien effacée,
Si Moliere ne meurt dans le Palais-Royal.
Elle entre, elle en approche et veut se satisfaire;
Mais voyant qu'il la brave, et que tout au contraire
D'exciter de l'horreur, elle augmente les ris,
    Pleine de honte et de furie, ˙
    Elle quitte la Comédie,
    Et va l'attendre à son logis.
    C'est là que l'illustre Moliere
    Arrive malheureusement
    Et trouve en son Appartement
    Cette barbare meurtriere.
A peine est-il entré, que d'un trait inhumain,
    Conduit par sa funeste main,
    Elle rend sa rage assouvie ;
Et sortant de ce lieu d'un pas précipité
Laisse pour mieux marquer sa noire cruauté,
Ce grand Homme à la fois sans parole et sans vie.

    Telle quand sortant du combat,
Paroit une Amazone après une victoire,
    Telle, après son assassinat,
Parut aux Medecins la Mort pleine de gloire.
« Ne craignez plus, » dit-elle, avec un air hautaín :
« Celui qui de votre Art détrompoit le Vulgaire,
» Celui qui m'outrageoit, et vous étoit contraire,
    » Vient d'être percé de ma main :

» Travaillez donc pour mon Empire ;
» Pour l'agrandir employez-vous ;
» Et puisque je suis avec vous,
» Sachez que désormais nul n'osera vous nuire. »

Alors les Medecins, d'un ton plein de transport,
Crièrent tous : MOLIERE EST MORT.

RÉPERTOIRE DES NOMS PROPRES

ALLIAMET Anne-Marie, première femme de Claude de Rachel, 43.

SAINTE ANGADRESME, fille de Robert, chancelier de Beauvais, 22.

ANGLETERRE Henriette d', duchesse d'Orléans, 39.

ANSELIN Marie, femme Louis de Cressé, 32.

AUBRY Anne-Marie, femme Pierre Leviez, 56, 57.

AUBRY Barbe, sœur de la précédente, 56, 57.

AUBRY Jean-Baptiste, sieur des Carrières, paveur du Roi et auteur dramatique, 56, 57, 58.

AUBRY Léonard, paveur du Roi, père des précédents, 56.

AUBRY Marie, fille de Léonard, 57.

AUBRY Sébastien, frère de la précédente, 56, 57.

AUTRICHE Anne d', épouse du roi Louis XIII, 32.

BACHELIER Antoine, marchand à Beauvais, 20.

BÉJARD Armande - Grésinde - Claire-Elisabeth, comédienne, femme de Molière, puis de Guérin du Tricher, 38, 41, 55, 59.

BÉJARD Geneviève, comédienne, sœur de la précédente, femme de Léonard de Loménie, puis de Jean-Baptiste Aubry, 56, 57.

BÉJARD Joseph, écuyer, sieur de Belleville, procureur au Châtelet, puis huissier aux Eaux et Forêts, 38, 54, 55, 56.

BÉJARD Louis, frère du précédent, ingénieur du Roi, puis comédien, sieur de Léguisé, 55, 57.

BÉJARD Magdeleine, sœur de Louis, comédienne, 55.

BELLIER Louis, 31.

BERTELIN Henriette de, 55.

BINET Jean, époux de Marie-Pocquelin, 22.

BINET Marcel, avocat à Beauvais, 23, 24.

BOREL Eustache, seigneur de Berneuil, 25.

BOREL Eustache-Louis, premier président et lieutenant-général, 26.

BOREL Jean, chef de la panneterie du Roi, 25.

BORÉL Pierre, maire de Beauvais, 25.

BOTOT-DANGEVILLE Charles, officier du Roi, 59.

BOUDET......, enfants mort-nés, 33.

BOUDET André, marchand tapissier, beau-frère de Molière. 33.

BOUDET André, lieutenant à Cayenne, neveu de Molière, 34.

BOUDET Jean-Baptiste, frère du précédent, neveu de Molière, 34.

BOUDET Madeleine-Grésindre, sa sœur, nièce de Molière, 34.

BROCARD François, femme de Louis Pocquelin, 26.

BROCARD Pierre, père de la précédente, conseiller du Roi, 26.

CARETTE Charles, fils de Guy, 24.

CARETTE Guy, époux de Marie Cozette, veuve de Jehan Pocquelin, 22, 23, 24.

CANTEREL Jeanne, femme de Robert Hariel, 21.

CHAGRAIN Estienne, maître tisserand, 58.

CHAMPAIGNE Philippe de, peintre français, 50.

CHARLES VII (voy. Rois de France),

CHARLES IX (voy. Rois de France.

CORNEILLE Pierre, poète français, 35.

COZETTE Jacques, 23.

COZETTE Marie, femme de Jehan Pocquelin, puis de Guy Carette, 22, 23, 24.

CRESSÉ Louis de, marchand tapissier, grand-père maternel de Molière, 32.

CRESSÉ Marie de, première femme de Jehan Pocquelin, mère de Molière, 32, 54.

DECUIGNIÈRES Françoise, femme de Pierre Brocard, 26.

DELACROIX Claude, officier du duc d'Orléans, 26.

DELACROIX Pierre, père du précédent, 26.

DELAPORTE...., époux de Marie-Anne Pocquelin, 28.

DENULLY Charles, garde des sceaux de l'hôtel de ville de Beauvais, 27.

DENULLY Marguerite, femme de Claude Tiersonnier, 27.

DENULLY Marie-Anne, femme de Louis Pocquelin d'Hannaches, 27.

DESTRICHÉ DE BRADAME Françoise, femme de Charles Guérin, 42, 58.

DROGUET Charles, *gagne-denier* (porteur public), 31.

DROGUET Charlotte, fille du précédent, 31.

DUBUISSON Marie, femme de Lucien Leuiller, 27.

DU GATS Marie, femme de Jehan de Rachel, sieur de Montalant, 43.

DUMANOIR Guillaume. « Roy des violons du Roy », 29.

FLEURETTE Catherine, seconde

TABLE DES MATIÈRES

www.ingramcontent.com/pod-product-compliance
Lightning Source LLC
LaVergne TN
LVHW050629090426

835512LV00007B/744